BEI GRIN MACHT SICH IHR
WISSEN BEZAHLT

- Wir veröffentlichen Ihre Hausarbeit,
  Bachelor- und Masterarbeit

- Ihr eigenes eBook und Buch -
  weltweit in allen wichtigen Shops

- Verdienen Sie an jedem Verkauf

Jetzt bei www.GRIN.com hochladen
und kostenlos publizieren

Markus Mayer

Humankapital. Die Definition nach Adam Smith im Vergleich zur heutigen Situation

GRIN Verlag

Bibliografische Information der Deutschen Nationalbibliothek:

Die Deutsche Bibliothek verzeichnet diese Publikation in der Deutschen National-
bibliografie; detaillierte bibliografische Daten sind im Internet über http://dnb.d-
nb.de/ abrufbar.

Dieses Werk sowie alle darin enthaltenen einzelnen Beiträge und Abbildungen
sind urheberrechtlich geschützt. Jede Verwertung, die nicht ausdrücklich vom
Urheberrechtsschutz zugelassen ist, bedarf der vorherigen Zustimmung des Verla-
ges. Das gilt insbesondere für Vervielfältigungen, Bearbeitungen, Übersetzungen,
Mikroverfilmungen, Auswertungen durch Datenbanken und für die Einspeicherung
und Verarbeitung in elektronische Systeme. Alle Rechte, auch die des auszugsweisen
Nachdrucks, der fotomechanischen Wiedergabe (einschließlich Mikrokopie) sowie
der Auswertung durch Datenbanken oder ähnliche Einrichtungen, vorbehalten.

Impressum:

Copyright © 2013 GRIN Verlag GmbH
Druck und Bindung: Books on Demand GmbH, Norderstedt Germany
ISBN: 978-3-656-73250-1

Dieses Buch bei GRIN:

http://www.grin.com/de/e-book/280090/humankapital-die-definition-nach-adam-
smith-im-vergleich-zur-heutigen

GRIN - Your knowledge has value

Der GRIN Verlag publiziert seit 1998 wissenschaftliche Arbeiten von Studenten, Hochschullehrern und anderen Akademikern als eBook und gedrucktes Buch. Die Verlagswebsite www.grin.com ist die ideale Plattform zur Veröffentlichung von Hausarbeiten, Abschlussarbeiten, wissenschaftlichen Aufsätzen, Dissertationen und Fachbüchern.

Besuchen Sie uns im Internet:

http://www.grin.com/

http://www.facebook.com/grincom

http://www.twitter.com/grin_com

Seminararbeit

zum Thema

Humankapital bei Adam Smith

im Rahmen des Proseminars

Humankapital

im Sommersemester 2013

vorgelegt von

Markus Mayer

6. Semester Wirtschaftsingenieurwesen

Homburg, den 05. Juni 2013

Inhaltsverzeichnis

Abkürzungsverzeichnis

OECD   Organisation for Economic Co-operation and Development

PISA   Programme for International Student Assessment

Darstellungsverzeichnis

1 Einleitung

1.1 Ziel der Arbeit

Ziel dieser Seminararbeit ist es, den Begriff des Humankapitals hinsichtlich der Definition und Einteilung aus der Sicht von Adam Smith im Vergleich zur heutigen Situation zu erörtern und kritisch zu hinterfragen.

In Anbetracht des Mangels an natürlich vorkommenden Rohstoffen der Bundesrepublik Deutschland muss dem Humankapital besonderes Augenmerk geschenkt werden. Darauf basierend wird der Begriff des Humankapitals in den verschiedenen Epochen und der Organisation for Economic Co-operation and Development (OECD) betrachtet und analysiert. Unabdingbar dafür ist das Wissen über die zeitliche und kulturelle Herkunft des Autoren und die Aufgabe der OECD.

1.2 Adam Smith

Adam Smith wurde am 05. Juli 1723 in Kirkcaldy, Schottland geboren und wuchst ohne Vater auf. Er gilt gemeinhin als Begründer der klassischen ökonomischen Lehre. Smith begann seine Studien 1737 in Glasgow zunächst mit Mathematik, Griechisch, Latein und Moralphilosophie, schloss diesen Studiengang allerdings nicht ab. 1740 verließ er Schottland, um an der Oxford University bis August 1746 lateinische und griechische Klassiker zu studieren. Nach seiner Habilitation wurde Smith 1750 Professor für Logik am College von Glasgow. Im Jahr 1789 veröffentlichte er das wohl wichtigste Werk der klassischen ökonomischen Lehre „An Inquiry into the Nature and Causes of the Wealth of Nations". Er verstarb am 17. Juni 1790 in Edinburgh.

2 Humankapital bei Adam Smith

2.1 Definition Humankapital

Auch wenn Smith das Wort Humankapital nie gebraucht, so definiert er den Begriff als die Summe der vorhandenen Eigenschaften, Geschicklichkeit, Sachkenntnis und Erfahrung der Arbeiter, die zu großen Teilen aus der Arbeitsteilung resultieren. Er beschränkt sich dabei aber vollkommen auf die produktiven Kräfte, so dass Künstler, die keinem produzierenden Gewerbe nachgehen, kein Humankapital im Sinne von Adam Smith darstellen.

Smith geht dabei auch nicht auf die Auswirkungen der Verbesserung dieser Eigenschaften, wie zum Beispiel die soziale vertikale Wanderung in der Gesellschaft durch einen Zuwachs an Bildung ein, sondern beleuchtet alleine die wirtschaftlichen Aspekte dieser Eigenschaften beim Menschen. Vor dem Hintergrund der anhaltenden Sklaverei und dem Gewerkschaftsverbot für Dienstboten und Arbeiter, ist dieser Ansatz auch kaum verwunderlich.

Sklaverei war zu dieser Zeit eine gängige Praxis der Arbeitskraftbeschaffung und stieß noch nicht auf die breite Empörung, wie es einige Zeit später der Fall sein wird.

2.2 Humankapital als Wachstumskraft

Smith unterstellt, dass es maßgeblich drei Faktoren sind, die zu einem starken Anstieg von Produktivität führen.

1. Die Begabung und Geschicklichkeit jedes Arbeiters,
2. Zeiteinsparungen, die durch Arbeitsteilung und dem Fehlen von Arbeitsplatzwechseln resultieren und
3. der Einsatz von Maschinen, der auch teilweise aus der Arbeitsteilung resultiert.

2.2.1 Geschicklichkeit

Sie umfasst nicht mehr, als die Fähigkeit eine Tätigkeit auszuüben. Dabei ist der Erfahrungswert, der durch die Arbeitsteilung angereichert wird, in Addition mit Geschicklichkeit zu sehen. Im heutigen Kontext als Routine bekannt, bildet die Geschicklichkeit in Summe mit der Erfahrung einen großen Teil der Produktivität dieser und unserer Zeit.

2.2.2 Zeiteinsparung

Hier wird nicht nur die wirklich vertane Zeit durch den räumlichen Arbeitsplatzwechsel oder den Wechsel der Arbeitskleidung und des Werkzeuges betrachtet, es wird unterstellt, dass zum Anfang eines neuen Arbeitsprozesses die Arbeitsleistung unter der Leistung der folgenden Arbeitszeit liegt. Begründet wird dies mit einer Eigenschaft des Menschen, sich nicht direkt in eine neue Arbeit einzufinden, sondern Zeit durch ein wiederkehrendes Einfinden in die aktuelle Tätigkeit zu verlieren. Hierin sieht Smith einen Grund für die mangelnde Arbeitsleistung der Landwirte, welche, unabhängig der Geschicklichkeit, nur aus dem ständigen Wechsel der Arbeitsprozesse herzuleiten ist.

2.2.3 Maschineneinsatz

Durch den Einsatz geeigneter Maschinen erhöht sich die Produktivität nachweislich. Auch hier sieht er die Innovation der Maschinen als Resultat der Arbeitsteilung. Smith begründet dies damit, dass Arbeiter, die sich auf eine verhältnismäßig einfache Arbeit konzentrieren, einfacher Wege finden, sich diese Arbeit noch mehr zu erleichtern. Führt man diesen Gedanken weiter, so ist die Ausbildung von Ingenieuren, insbesondere die der Maschinenbauer, fast ausschließlich der Arbeitsteilung als Ursprung geschuldet.

2.3 Gesellschaftliche Folgen

Smith´s Theorie bezieht sich auf die Arbeitsteilung als Grundlage des allgemeinen Wohlstandes. Dazu bedient er sich der These, dass jeder Mensch grundsätzlich in der Lage ist mehr zu produzieren als er benötigt und daran interessiert ist, dieses Potential zu nutzen. Durch die der Arbeitsteilung zugrunde liegende Wachstumskurve, werden auch Berufe in Wissenschaft und Forschung in verschiedene Disziplinen unterteilt und der Nutzen für die Allgemeinheit subsummiert sich in der Folge. Er beschreibt einen Kreislauf, der die Kaufkraft eines Einzelnen und somit den Wohlstand der gesamten Volkswirtschaft immer weiter ansteigen lässt.

2.4 Die Stellung der Arbeiter

Arbeiter werden als reine Zahlenwerte betrachtet, die nur dem Zwecke der Produktivität dienen. So wird aufgezeigt, „daß der einfache Arbeiter der untersten Schicht mindestens doppelt so viel verdienen müsse, wie er für den eigenen Lebensunterhalt benötigt, damit Mann und Frau imstande sind, zwei Kinder aufzuziehen."[1] Dies war nicht untypisch zu dieser Zeit. Vor dem Hintergrund, dass Smith` Werk in den Jahren der Aufstände in den neu gegründeten USA erschien und Sklaverei gemeinhin als legitimes Mittel der Arbeitskraftbeschaffung galt, ist die Reduzierung der einheimischen Arbeiter auf die reine Arbeitskraft kaum verwunderlich. Dem entsprechend war es den Arbeitskräften auch verboten sich gewerkschaftlich zu organisieren, was den Arbeitern nur die Möglichkeit ließ, sich durch gewalttätige Aufstände Lohnerhöhungen oder eine Verbesserung der Arbeitsbedingungen zu erzwingen. Im Gegensatz zu Keynes, der die neoklassische Ökonomie entscheidend geprägt hat und der den Lohn als den Grenzertrag der Arbeit und damit den Wert des eingesetzten Kapitals an der Produktion eines Gutes sieht, stellt für Smith der Lohn eine Größe dar, die allein durch den Arbeitsmarkt bestimmt wird. So geht er davon aus, dass „Wenn in einem Lande die Nachfrage nach Arbeitern, […] ständig zunimmt, […] dann haben die Arbeiter keinen Anlaß sich zu organisieren, um höhere Löhne zu erreichen. Der Mangel an Arbeitskräften führt nämlich zu einem Wettbewerb unter den Unternehmen, die sich gegenseitig überbieten, um Arbeiter zu bekommen, […]."[2] Hierbei beschreibt er einen Zusammenhang zwischen dem wachsenden Einkommen und der Zunahme des Wohlstandes einer Nation. Dies soll seiner Meinung nach die Nachfrage nach Arbeitskräften und Konsumgütern erhöhen.

Als Beweis seiner Theorie der Arbeitsmarktpreispolitik zeigt er anhand des Beispiels Nordamerikas, dass die Löhne in der Provinz New York höher liegen als im Mutterland. Durch diese höheren Löhne, so Smith, lohnt es sich viele Kinder zu haben, die, anstatt eine Last zu sein, sogar einer jungen Witwe mit mehreren Kindern zu Heiratschancen verhilft, die Sie in Europa kaum mehr hätte. Er schätzt die Arbeit eines Kindes, bis es erwachsen ist auf 100 Pfund Gewinn und folgt wieder dem Prinzip den Menschen als wirtschaftliche Größe zu betrachten, die indirekt dazu dient, den Unterhalt der Eltern und den Erhalt der arbeitenden Klasse zu sichern.

---

[1] Smith, A., Wohlstand, 1776, S. 59
[2] Smith, A., Wohlstand, 1776, S. 60

3 Humankapital heute

3.1 Was ist die OECD

Die OECD ist eine im Jahr 1961 gegründete Organisation, die sich unter anderem zum Ziel gesetzt hat die Lebensstandards zu steigern. Sie verfügt über ein Budget von 347.000.000 € und umfasst zurzeit 34 Mitgliedsstaaten. Es werden bis zu 250 verschiedene Studien zum Thema Bildung, Wirtschaft und Gesellschaft im Jahr veröffentlicht. Bekannteste Untersuchung ist die regelmäßig wiederkehrende PISA (Programme for International Student Assessment) Studie, die zum einen die internationale Vergleichbarkeit, zum anderen die stetige Leistungsverfolgung von Schülern eines Landes gewährleistet.

3.2 Definition Humankapital nach OECD

„Wissen, Qualifikationen, Kompetenzen und sonstige Eigenschaften, die dem Einzelnen eigen sind und es ihm ermöglichen, persönliches, soziales und wirtschaftliches Wohlergehen zu erzeugen."[3]

3.3 Gesellschaftliche Folgen heute

Hier stehen nicht nur monetäre Gründe im Focus der Betrachtung. Auch soziales und persönliches Wohlergehen wird berücksichtigt, was Smith außer Acht lässt. So sieht man Kinder nicht als rentables Geschäft, mit dem ein Ertrag in Form von geleisteter Kinderarbeit erbracht werden kann, vielmehr weiß man um die Förderungswürdigkeit von Kindern, um so in den Anfangsjahren das vorhandene Humankapital zu bilden. Dies führt nachweislich dazu, dass das zu erwartende Einkommen im Schnitt um circa 25% höher ist, als bei Kindern ohne eine frühkindliche Förderung. Ein von US-Forschern im Jahr 1961 in der Stadt Ypsilanti, Michigan durchgeführtes Experiment an circa 116 Säuglingen aus sozial schwachen Familien zeigte, dass Kinder, denen eine frühkindliche Förderung, hier war es die Betreuung in Kindergärten durch professionelle und geschulte Betreuer, zuteilwurde, 40 Jahre später nicht nur im Schnitt besser verdienten, sondern auch weniger strafrechtlich in Erscheinung traten.[4] Das wiederum hat eine immense Auswirkung auf die Kosten, die durch Inhaftierung auftreten. Bei einer aktuellen Häftlingsanzahl von 57.600 Häftlingen[5]

---

[3] Keeley, B., Humankapital, 2010, S. 33
[4] Vgl. Berth, F., Verschwendung, 2011, S. 18 ff
[5] Statistisches Bundesamt

(03.2013) und Kosten von ungefähr 120 € pro Tag ergeben sich Gesamtkosten von 2.522.880.000 € per anno in der Bundesrepublik Deutschland. So besteht hier ein Potenzial von 756.864.000 €, das durch frühkindliche Betreuung und Förderung ausgeschöpft werden kann. Bei einem durchschnittlichen Nettoeinkommen von 1772 € im Monat (Stand 2008) ergeben sich aus dem um 25 % höher liegenden Einkommen Einkünfte von 2215 € pro Monat.

	Häftlinge	Kosten/ Tag [€]	Kosten/anno [€]
100 %	57.600	120	2.522.880.000
60 %	34.560	120	1.513.728.000
Differenz	23.040		1.009.152.000

Tabelle 1: Einsparung bei Rückgang der Kriminalitätsrate

Nun multipliziert man die Differenz der Anzahl von Häftlingen mit dem um 25 % höheren Einkommen und erhält 510.033.600 €.

In der Summe belaufen sich die Kosten alleine für diesen vergebenen Teil des Humankapitals auf 1.519.185.600 €.

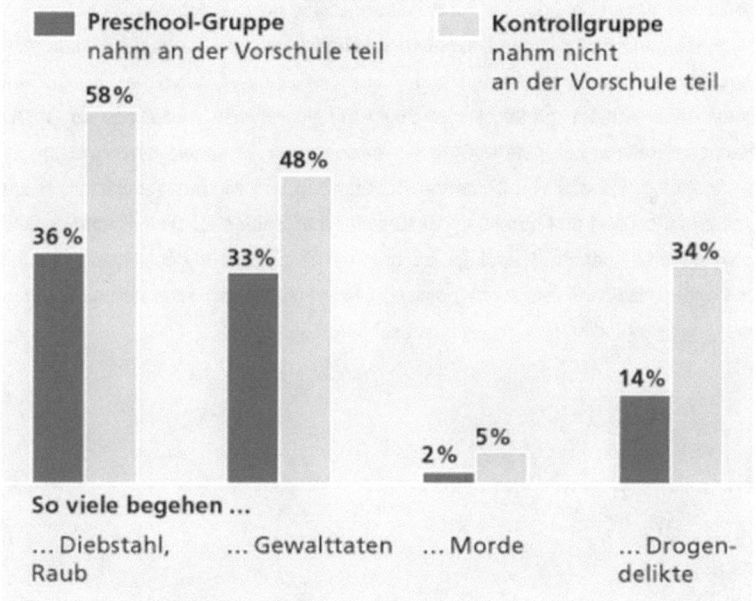

Bild 1 Vergleich der Verbrechensraten bei frühkindlicher Förderung

Natürlich ist dies eine exemplarische Hochrechnung, die aber auf Basis der Daten des statistischen Bundesamtes erfolgte und somit fundiert ist.

Dieses Thema wurde bereits von mehreren Autoren behandelt. Thilo Sarrazin schreibt in einem Buch: „Im Bildungssystem,[…], kann es nicht nur um Leistung gehen. Krippe, Kindergarten und Schule prägen die Sozialisation der Kinder, ihre Gemeinschaftsfähigkeit, ihre Motivation, ihr Selbstbewusstsein."[6]

3.4 Gegenüberstellung

Nach der Definition der OECD werden auch künstlerische Aktivitäten und Fähigkeiten als Humankapital gesehen. Nach der Definition von Smith, hätten Künstler wie Goethe oder Bach nicht ein einziges Mal produktiv gearbeitet. Denn Wohlstand wurde durch das Komponieren von Musik oder das Schreiben eines Buches nicht generiert. Smith hat nie daran gedacht, dass Humankapital auch gebildet und gefördert werden kann. Er betrachtet es als gegebene und unveränderliche Größe, die nicht verändert werden kann. Der reine Konsum gerichtete Vorteil der Arbeiter durch höhere Löhne bei mangelnden Arbeitskräften zeigt, steht mit der heutigen Definition zu Humankapital im Kontrast. Folgekosten durch höhere Kriminalitätsraten und Opportunitätskosten durch das Ausbleiben qualifizierter Arbeiter berücksichtigt Smith in keiner Weise, wozu man im OECD Raum allerdings sehr stark Stellung bezieht und versucht, durch geeignete Maßnahmen wie das verpflichtende Bereitstellen von Kindertagesplätzen, diese Kosten zu senken und bereits im Kindesalter den Samen für Bildung und soziale Integration zu sähen. Allerdings ist hier ein noch immer deutliches Potential vorhanden, welches es, durch politische Instrumente und teilweise auch durch wirtschaftliche Indikatoren, noch auszuschöpfen gilt.

---

[6] Sarrazin, T., Deutschland, 2010, S. 189

4 Schlussfolgerung

Humankapital als reine volks- oder betriebswirtschaftliche Größe zu sehen, ist in der heutigen Gesellschaft weder anerkannt noch sinnvoll. Während Smith das natürlich vorkommende Humankapital ohne Förderung oder Ausbildung als Größe nimmt, die dazu dient, den Wohlstand zu gewähren und zu mehren, wird in der aktuellen Politik dem Bilden von Humankapital in Form von gezielter Ausbildung, Schulung und Förderung der individuellen Fähigkeiten sehr viel Augenmerk geschenkt. Dabei gehen auch Konzerne auf die Problematik ein und versuchen mit Schulungen, Weiterbildungen bis hin zu kooperativen Studiengängen Humankapital zu bilden und zu binden. Smith hingegen vertraut darauf, dass sich der Einzelne auf Grund seines Strebens nach mehr Konsum, selbst weiterbildet.

Damals wie heute sehe ich Humankapital als den zentralen Aspekt des Wachstums unserer Volkswirtschaft. Aus dem Mangel an natürlich vorkommenden Ressourcen entwickelte sich in den letzten 50 Jahren eine Gesellschaft, die sich auf Bildung, Sozialisation und Qualifikation jedes Einzelnen spezialisiert hat. Durch eine kontinuierliche und qualitativ hochwertige Frühförderung können Folgekosten in Millionenhöhe vermieden und gleichzeitig die sozialen und wirtschaftlichen Chancen des Einzelnen stark gesteigert werden. Diese Effekte haben wiederum positive Auswirkungen auf die folgenden Generationen, so dass man, wie von Smith beschrieben, von einer endlosen Spirale ausgegangen werden kann. Durch den demographischen Wandel und das Wegbrechen der nachfolgenden Generationen, ist es unumgänglich effizientere Wege zu finden, Humankapital frühestmöglich zu fördern und in der Gesellschaft zu halten, so dass unsere Volkswirtschaft auch auf längere Sicht international wettbewerbsfähig bleibt.

Weil Kinder in ihren ersten Lebensjahren die größten Kapazitäten zum Erlernen neuer Fähigkeiten und Fertigkeiten zeigen, muss hier bereits angesetzt werden. Diese Aufgabe obliegt nicht allein den Eltern, die sich natürlich nach Artikel 6 II Grundgesetzt in erster Linie verpflichtet sehen. Vielmehr muss der Staat als ordnungspolitische Macht, benachteiligte Kinder durch gezielte Förderprogramme gleichberechtigen und die Begabungen jedes einzelnen Kindes frühzeitig erkennen und fördern. Hierin sehe ich das größte, ausbaufähige Potenzial. Durch das Bereitstellen von Kindertagesplätzen ab dem ersten Lebensjahr und einer dahingehenden Verpflichtung zur Teilnahme an frühkindlichen Förderprogrammen wird der Förderung und Entwicklung des vorhandenen Potenzials Rechnung getragen. Die Wahl der Art des Programmes muss allerdings den Eltern überlassen werden, die Anbieter solcher Förderprogramme allerdings subventioniert und staatlich überwacht, so dass ein Markt entsteht. Die Kosten hierfür sollten sich im Laufe eines Lebens durch den gesteigerten Beitrag zum gesellschaftlichen Leben schnell amortisieren. Des Weiteren müssen Anreize zur Bildung von Humankapital in Form von Reproduktion geschaffen werden. Die Auffassung verschiedener Autoren, die sich dabei gezielt auf die Reproduktion von akademisch vorgebildeten Eltern beschränken möchte ich weder befürworten, noch verneinen, da in Zusammenhang mit dieser Seminararbeit die Genetik und Systematik der Lehre und Förderung nicht betrachtet wird.

Literaturverzeichnis

Berth, Felix [Die Verschwendung der Kindheit, 2011]: Die Verschwendung der Kindheit, 1. Auflage, Beltz, Basel 2011

Bundesministerium der Justiz: Grundgesetz der Bundesrepublik Deutschland http://www.gesetze-im-internet.de/bundesrecht/gg/gesamt.pdf

Gabler Wirtschaftslexikon [Gabler, 2010]: Gabler Wirtschaftslexikon, 17. Auflage, Gabler, Wiesbaden 2010

Keeley, Brian [Humankapital, 2010]: Humankapital, 1. Auflage, Bundeszentrale für politische Bildung, Bonn 2010

Sarrazin, Thilo [Deutschland, 2010]: Deutschland schafft sich ab, 9. Auflage, Deutsche Verlags-Anstalt, München 2010

Smith, Adam [Wohlstand, 1978]: Der Wohlstand der Nationen, 13. Auflage, deutscher Taschenbuch Verlag, München 2013

Statistisches Bundesamt: Zahl des Tages, https://www.destatis.de/DE/PresseService/Presse/Pressemitteilungen/zdw/2013/P D13_021_p002pdf.pdf?__blob=publicationFile (Zugriff 2013-05-21)